中国营运车辆自动紧急制动系统应用

周 炜 李文亮 编著

人民交通出版社股份有限公司
北京

内 容 提 要

本书通过分析自动紧急制动系统（Advanced Emergency Braking System，AEBS）相关标准法规，统计 2020—2022 年我国营运车辆 AEBS 配置车型及核查情况，对 AEBS 的产品性能、检测评价、应用效果等情况进行了分析，并附以营运车辆 AEBS 应用案例，提出了 AEBS 应用发展建议。

本书可供道路运输行业从业人员学习借鉴，亦可作为大专院校相关专业师生辅导用书。

图书在版编目（CIP）数据

中国营运车辆自动紧急制动系统应用 / 周炜，李文亮编著. — 北京：人民交通出版社股份有限公司，2023.11
ISBN 978-7-114-19091-9

Ⅰ.①中… Ⅱ.①周… ②李… Ⅲ.①营运汽车—紧急制动—制动装置—中国—2022 Ⅳ.①U469.603

中国国家版本馆 CIP 数据核字（2023）第 214830 号

Zhongguo Yingyun Cheliang Zidong Jinji Zhidong Xitong Yingyong

书　名：	中国营运车辆自动紧急制动系统应用
著 作 者：	周　炜　李文亮
责任编辑：	岑　瑜
责任校对：	孙国靖　卢　弦
责任印制：	张　凯
出版发行：	人民交通出版社股份有限公司
地　　址：	（100011）北京市朝阳区安定门外外馆斜街 3 号
网　　址：	http://www.ccpcl.com.cn
销售电话：	（010）59757973
总 经 销：	人民交通出版社股份有限公司发行部
经　　销：	各地新华书店
印　　刷：	北京市密东印刷有限公司
开　　本：	787×1092　1/16
印　　张：	5.5
字　　数：	64 千
版　　次：	2023 年 11 月　第 1 版
印　　次：	2023 年 11 月　第 1 次印刷
书　　号：	ISBN 978-7-114-19091-9
定　　价：	88.00 元

（有印刷、装订质量问题的图书，由本公司负责调换）

编写人员

主编单位：交通运输部公路科学研究院
主　　编：周　炜　李文亮
副 主 编：曹　琛　刘智超　战　琦
参编单位：招商局检测车辆技术研究院有限公司
　　　　　中质智通检测技术有限公司
　　　　　所托（杭州）汽车智能设备有限公司
　　　　　清智汽车科技（苏州）有限公司
　　　　　中机科（北京）车辆检测工程研究院有限公司
　　　　　金龙联合汽车工业（苏州）有限公司
　　　　　北京福田戴姆勒汽车有限公司
参编成员：陈德兵　丰爱松　张　磊　徐显杰　王　勇
　　　　　林进贵　聂石启　高　金　史海燕　李华建
　　　　　朱桂昌　李培兴　谢张军　边振国　吴长亮
　　　　　张　禄　刘应吉　王浡力　张亮亮　何朝东
　　　　　顾　杰

前 言

安全生产是关系人民群众生命财产安全的大事,是经济社会协调健康发展的标志。随着我国道路运输业的快速发展,营运车辆保有量和道路运输驾驶员数量逐年增加,道路运输业在为社会提供便捷高效、绿色环保运输服务的同时,也受到诸多内外因素的影响,潜藏着众多运输安全隐患。碰撞是道路运输事故中最主要的事故形态,沪昆高速公路湖南邵阳段"7·19"、包茂高速公路陕西延安"8·26"、陕西安康京昆高速公路"8·10"等重特大道路交通事故造成了恶劣的社会影响,受到中央和各部委领导的高度关注。自动紧急制动系统(Advanced Emergency Braking System,AEBS)(以下及书中简称 AEBS)是一种能够自动监测前方碰撞危险,发出预警信号提醒驾驶员,并通过自动紧急制动来避免碰撞或减轻碰撞的智能化技术,对防止和减少碰撞类重特大道路运输事故发生具有重要意义。《中共中央 国务院关于推进安全生产领域改革发展的意见》(中发〔2016〕32号)要求长途客运车辆、旅游客车、危险物品运输车辆强制安装防碰撞等车辆安全运行监管技术装备。坚持生命至上、安全发展理念,推动和规范 AEBS 在营运车辆上的使用，是贯彻落实党和国家文件精神、以智能化技术手段提升道路运输安全生产水平的重要举措。

2019年3月15日，交通运输部发布了行业标准《营运车辆自动紧急制动系统性能要求和测试规程》（JT/T 1242—2019），并于2019年4月1日正式实施，为《营运客车安全技术条件》（JT/T 1094—2016）、《营运货车安全技术条件　第1部分：载货汽车》（JT/T 1178.1—2018）、《营运货车安全技术条件　第2部分：牵引车辆与挂车》（JT/T 1178.2—2019）等标准相关条款的实施提供了重要支撑。《营运车辆自动紧急制动系统性能要求和测试规程》（JT/T 1242—2019）考虑了中国交通特点，引领了AEBS技术的发展，推动了AEBS在营运车辆上的应用，从本质上对提升营运车辆安全性能起到了重要作用。

"十四五"及未来更长一段时间，国家将进一步加强推动AEBS技术的应用。《"十四五"全国道路交通安全规划》提出，到2023年，新出厂的大型客车自动紧急制动系统装备率达到100%，新出厂的重型货车自动紧急制动系统装备率达到50%；到2025年，大型客车自动紧急制动系统装备率达到40%，重型货车自动紧急制动系统装备率达到20%。

本书共七章，介绍了国际AEBS标准法规，统计了2020—2022年我国营运车辆AEBS配置车型及核查情况，分析了AEBS的产品性能、检测评价、应用效果等情况，给出了相关应用案例，并提出了AEBS应用发展建议，希望能够为AEBS在交通运输领域的研发应用及标准政策制定提供参考。

  由于作者的知识水平有限，书中不足之处，敬请广大读者和同仁批评指正。

周 炜
2023 年 5 月

目 录
catalogue

第1章 营运车辆 AEBS 标准法规　　001
　　1.1　我国营运车辆 AEBS 标准法规　　001
　　1.2　国外营运车辆 AEBS 标准法规　　002

第2章 营运车辆新车车型 AEBS 配置　　005
　　2.1　截至 2020 年底 AEBS 装车情况　　005
　　2.2　截至 2021 年底 AEBS 装车情况　　007
　　2.3　截至 2022 年底 AEBS 装车情况　　008
　　2.4　新车 AEBS 配置核查情况　　010
　　2.5　发展趋势　　011

第3章 营运车辆 AEBS 产品性能　　014
　　3.1　AEBS 产品生产　　014
　　3.2　营运车辆新车 AEBS 配置企业　　018
　　3.3　AEBS 使用性能　　022

第4章 营运车辆 AEBS 检测评价　　026
　　4.1　AEBS 检测技术　　026
　　4.2　AEBS 性能检测　　035
　　4.3　问题与建议　　040

第 5 章　营运车辆 AEBS 应用评价　　042
- 5.1　评价指标　　042
- 5.2　应用评价　　045

第 6 章　营运车辆 AEBS 应用案例　　049
- 6.1　所托瑞安 AEBS 应用案例　　049
- 6.2　清智科技 AEBS 应用案例　　058
- 6.3　苏州金龙 AEBS 应用案例　　066

第 7 章　营运车辆 AEBS 发展建议　　073
- 7.1　《"十四五"全国道路交通安全规划》相关要求　　073
- 7.2　我国碰撞事故防控存在的问题　　074
- 7.3　进一步推动 AEBS 应用的建议　　076

第1章 营运车辆 AEBS 标准法规

自动紧急制动系统(以下简称 AEBS)作为防止碰撞事故发生最有效的主动安全技术,受到世界各国的高度重视,我国及美国、日本、欧洲相关国家等汽车工业发达国家均制定了相关的标准法规,积极推动 AEBS 应用。

1.1 我国营运车辆 AEBS 标准法规

2016 年 12 月 9 日,《中共中央 国务院关于推进安全生产领域改革发展的意见》(中发〔2016〕32 号)第二十四条明确提出了"完善长途客运车辆、旅游客车、危险物品运输车辆和船舶生产制造标准,提高安全性能,强制安装智能视频监控报警、防碰撞和整车整船安全运行监管技术装备"的要求。

针对我国交通运输安全实际需求和落实道路运输安全生产要求,交通运输部于 2019 年 3 月 15 日发布了《营运车辆自动紧急制动系统性能要求和测试规程》(JT/T 1242—2019),该标准领先发布车辆与行人碰撞场景的技术要求及车路协同技术要求,并于 2019 年 4 月 1 日起正式实施。《营运车辆自动紧急制动系统性能要求和测试规程》(JT/T 1242—2019)标准的发布实施有效推动了我国道路运输车辆 AEBS 技术的推广应用,支撑了道路运输车辆安全技术条件标准体系构建。

《营运客车安全技术条件》(JT/T 1094—2016)提出"车长大于 9m 的营运客车应装备自动紧急制动系统",于 2019 年 4 月 1 日起实施。

《营运货车安全技术条件 第 1 部分:载货汽车》(JT/T 1178.1—2018)提出"总质量大于或等于 12000kg 且最高车速大于 90km/h 的载货汽车,应安装自动紧急制动系统(AEBS)",于 2021 年 5 月 1 日起实施。

《营运货车安全技术条件 第 2 部分:牵引车辆与挂车》(JT/T 1178.2—2018)提出"最高车速大于或等于 90km/h 的牵引车辆应安装自动紧急制动系统(AEBS)",自 2021 年 5 月 1 日起对新生产车型实施。

《危险货物道路运输营运车辆安全技术条件》(JT/T 1285—2020)提出"总质量大于或等于 12000kg 的危险货物运输货车应装备符合 JT/T 1242 的自动紧急制动系统(AEBS),半挂牵引车、液体危险货物运输罐式货车及爆炸品运输车除外",自 2021 年 5 月 1 日开始对新生产车型实施。

1.2 国外营运车辆 AEBS 标准法规

(1)欧洲商用车辆 AEBS 标准

2008 年 5 月,联合国欧洲经济委员会在整个欧洲范围内开展主动安全项目(Field Operation Test,FOT)研究,积累了大量实际路况及各速度、各场景下的 AEBS 安全性能数据,2013 年 7 月 9 日联合国世界车辆法规协调论坛发布《关于车辆紧急制动系统的统一规定》(ECE R131),使用范围覆盖 M2、M3、N2、N3 类商用车辆。

2022 年 6 月,世界车辆法规协调论坛会议审议通过了自动驾驶与网联车辆工作组(GRVA)提交的适用于载货汽车、客车的 ECE R131 标准相关修正提案。此次修订将 AEBS 应用范围扩展到城市驾驶等新场景,并新增了对行人的紧急制动要求,同时提高了车辆制动要求及避免碰撞车速。

2022 年 7 月 6 日,欧盟议会和理事会法规(EU)2019/2144 号条例一致通过采用 ECE R131 标准,对所有在生产车辆实施此标准要求。

(2)日本商用车 AEBS 标准

日本在 2014 年根据本国的交通事故发生频率、交通限速状况,制定了针对客车和货车的 AEBS 法规《高级紧急制动系统》(TRIAS 12—J113),其分两个阶段执行。第一阶段自 2013 年 11 月起,对 N2(总质量大于 8t)、N3 及 M3(总质量大于 3.5t)类新车型实施,到 2015 年 11 月对 N2(总质量大于 8t)、N3、M3(总质量大于 3.5t)类新车型实施。第二阶段自 2016 年 11 月起扩大适用范围,对 N2、N3、M2 及 M3(总质量大于 3.5t)类的新车型实施,到 2018 年 11 月对 N2、N3、M2、M3(总质量大于 3.5t)类新车型实施。

2023 年 1 月,日本国土交通省发布 AEBS 法规的最新修订,主要根据联合国规则最新修订的《关于车辆紧急制动预警系统(AEBS)的统一规定》(UNECE R.131-ECR R131)(简称"UN R131"),修订所对应的日本汽车技术标准,保持与 UN R131 协调一致。其同步增加车辆与行人的紧急制动要求、AEBS 系统的工作范围、60km/h 以下车速的制动要求及紧急制动启动前的报警要求。该修订版本对新定型车辆自 2025 年 9 月 1 日起实施,对在生产车自 2028 年 9 月 1 日起实施。

(3)美国商用车 AEBS 标准

美国机动车工程师学会在 2015 年发布了《前向碰撞警告和缓解车辆测试程序——载货汽车和客车》(SAE J3029-201510),适用于总质量超过 4535kg 的商用车和客车。2017 年 10 月 1 日发布了《自动紧急制动系统性能测试》(SAE J3087-2017),旨在建立统一的车辆级自动紧急制动系统性能测试推荐规程,确定了测试设备要求、测试场景和测量方法。2023 年 1 月 17 日修订后的《前向碰撞警告和自动紧急制动试验程序和最低性能要求——载货汽车和客车》(SAE J3029-202301)发布,针对 AEBS 测试车辆避免碰撞或减小碰撞冲击的碰撞减速度能力要求,与 UN ECE R131 保持一致。

第 2 章　营运车辆新车车型 AEBS 配置

本章统计了 2020—2022 年营运客车和营运货车新车型的 AEBS 配置情况,以及 2021 年以来基于道路运输达标车辆核查系统核查的新车车型 AEBS 配置情况,并分析了 AEBS 装配的发展趋势。

2.1　截至 2020 年底 AEBS 装车情况

2.1.1　营运客车

截至 2020 年 12 月,营运客车新车车型 AEBS 的配置情况如表 2.1 所示。本次统计道路运输车辆客车达标车型总车型数 1991 个,其中配置 AEBS 的车型 984 个,AEBS 在营运客车新车车型配置比例为 49.42%。具体地,M1 类营运客车车型共计 100 个,其中配置 AEBS 的车型 33 个,占比 33.00%;M2 类营运客车车型共计 86 个,全部未配置 AEBS;M3 类营运客车车型共计 1805 个,其中配置 AEBS 的车型 951 个,占比 52.69%。

营运客车新车车型 AEBS 配置统计　　　表2.1

类别	车型数(个)	AEBS	配置比例(%)
M1	100	33	33.00
M2	86	0	0
M3	1805	951	52.69
总计	1991	984	49.42

2.1.2 营运货车

截至 2020 年 12 月,营运货车新车车型 AEBS 的配置情况如表 2.2 所示。本次统计道路运输车辆达标车型牵引车总数 2634 个,载货汽车共计 26747 个。牵引车辆中配置 AEBS 的车型数 1 个,系统配置比例 0.04%,N3 类载货汽车配置 AEBS 的车型数 39 个,系统配置比例 0.18%。

营运货车新车车型 AEBS 配置统计　　　表2.2

类别		车型数(个)	AEBS	配置比例(%)
载货汽车	N3	21610	39	0.18
	N2	4903	0	0
	N1	234	0	0
	总计	26747	39	0.18
牵引车辆	N3	2628	1	0.04
	N2	6	0	0
	总计	2634	1	0.04

2.2 截至 2021 年底 AEBS 装车情况

2.2.1 营运客车

截至 2021 年 12 月,营运客车新车车型 AEBS 的配置情况如表 2.3 所示。本次统计道路运输车辆达标车型总数营运客车 2821 个,其中配置 AEBS 的车型 1376 个,AEBS 在营运客车新车配置比例为 48.78%。具体地,M1 类营运客车车型共计 101 个,其中配置 AEBS 的车型 28 个,占比 27.72%;M2 类营运客车车型共计 156 个,全部未配置 AEBS;M3 类营运客车车型共计 2564 个,其中配置 AEBS 的车型 1348 个,占比 52.57%。

营运客车新车车型 AEBS 配置统计　　　表 2.3

类别	车型数(个)	AEBS	配置比例(%)
M1	101	28	27.72
M2	156	0	0
M3	2564	1348	52.57
总计	2821	1376	48.78

2.2.2 营运货车

截至 2021 年 12 月,营运货车新车车型 AEBS 的配置情况如表 2.4 所示。所统计的道路运输车辆达标车型总数:载货汽车 46476 个,牵引车辆5353个。载货汽车中配置AEBS的车型为1337个,系统配置比例2.88%;牵引车辆中配置AEBS的车型为629个,系统配置比例11.75%。

营运货车新车车型 AEBS 配置统计　　　　　　　　　表2.4

类别		车型数(个)	AEBS	配置比例(%)
载货汽车	N1	456	0	0
	N2	8569	0	0
	N3	37451	1337	3.57
	总计	46476	1337	2.88
牵引车辆	N2	11	0	0
	N3	5342	629	11.77
	总计	5353	629	11.75

具体地,所公布的营运货车载货汽车新车车型中,N1类新车车型456个,配置AEBS的车型0个;N2类新车车型8569个,配置AEBS的车型0个;N3类新车车型37451个,配置AEBS的车型1337个,配置比例3.57%。所公布的牵引车车型中,N2类新车车型11个,配置AEBS的车型0个;N3类新车车型5342个,配置AEBS的车型629个,配置比例11.77%。

2.3　截至2022年底AEBS装车情况

2.3.1　营运客车

截至2022年12月,营运客车新车车型 AEBS 的配置情况如

表2.5所示。本次统计道路运输车辆客车达标车型共计3333个,其中配置AEBS的车型1619个,AEBS在营运客车新车车型配置比例为48.57%。具体地,M1类营运客车车型共计116个,其中配置AEBS的车型28个,占比24.14%；M2类营运客车车型共计178个,全部未配置AEBS；M3类营运客车车型共计3039个,其中配置AEBS的车型1591个,占比52.35%。

营运客车新车车型 AEBS 配置统计　　　　表2.5

类别	车型数(个)	AEBS	配置比例(%)
M1	116	28	24.14
M2	178	0	0
M3	3039	1591	52.35
总计	3333	1619	48.57

2.3.2　营运货车

截至2021年12月,营运货车新车车型AEBS的配置情况如表2.6所示。所统计的道路运输车辆达标车型总数:载货汽车63409个,牵引车辆7566个。载货汽车中配置AEBS车型2742个,系统配置比例4.32%；牵引车辆中配置AEBS车型1110个,系统配置比例14.67%。

营运货车新车车型 AEBS 配置统计　　　　表2.6

类别		车型数(个)	AEBS	配置比例(%)
载货汽车	N1	683	0	0
	N2	12073	0	0

续上表

类别		车型数(个)	AEBS	配置比例(%)
载货汽车	N3	50653	2742	5.41
	总计	63409	2742	4.32
牵引车辆	N2	15	0	0
	N3	7551	1110	14.70
	总计	7566	1110	14.67

具体地,所公布的营运货车载货汽车新车车型中,N1 类新车车型 683 个,配置 AEBS 的车型 0 个;N2 类新车车型 12073 个,配置 AEBS 的车型 0 个;N3 类新车车型 50653 个,配置 AEBS 的车型 2742 个,配置比例 5.41%。所公布的牵引车辆车型中,N2 类新车车型 15 个,配置 AEBS 的车型 0 个;N3 类新车车型 7551 个,配置 AEBS 的车型 1110 个,配置比例 14.70%。

2.4　新车 AEBS 配置核查情况

2021 年 1 月,交通运输部发布的《道路运输达标车辆核查工作规范》指出,针对 AEBS,"若实际车辆驾驶室前面罩配备 AEBS 毫米波雷达或激光雷达装置,并且仪表盘显示 AEBS 自检或仪表盘附近设有工作信号灯,则可判定该车已安装此系统"。

截至 2023 年 5 月底,全国 20 多个省份采用道路运输达标车辆核查系统进行核查,共核查车辆 1130458 辆,安装 AEBS 的共 235744 辆,总体配置率为 20.85%。其中,核查乘用车 12569 辆,配置 AEBS 的有 1948 辆,配置率为 15.50%;核查客车 28643 辆,配置 AEBS 的有 13494 辆,配置率为 47.11%;核查牵引车 507612 辆,配置 AEBS 的有 160751 辆,配置率为 31.67%;核查载货汽车 581634 辆,配置 AEBS 的有 59551 辆,配置率为 10.24%,如表 2.7 所示。

新车型 AEBS 配置核查情况统计　　　　表 2.7

车型	核查车辆数(个)	安装 AEBS 车辆数(个)	配置比例(%)
乘用车	12569	1948	15.50
客车	28643	13494	47.11
牵引车	507612	160751	31.67
载货汽车	581634	59551	10.24
合计	1130458	235744	20.85

2.5　发展趋势

从营运客车具体车型来看,2020—2022 年各类型营运客车新车车型的 AEBS 配置率基本保持稳定(图 2.1),M1 类营运客车的平均配置率为 28.29%;由于法规要求不涉及 M2 类营运客车,因此无配置 AEBS 的 M2 类客车新车车型;M3 类营运客车的平均配置率为 52.54%。

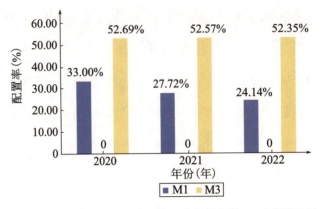

图 2.1　2020—2022 年各类型营运客车新车型 AEBS 配置对比

载货汽车方面,根据《营运货车安全技术条件　第 1 部分:载货汽车》(JT/T 1178.1—2018)(简称《标准》)要求,从 2021 年 5 月 1 日起我国总质量大于或等于 12000kg 且最高车速大于 90km/h 的载货汽车配置 AEBS,《标准》主要涉及部分 N3 类载货汽车。从具体车型来看,2020—2022 年中 N3 类载货汽车新车车型的 AEBS 配置率呈逐年上升趋势,2022 年较 2021 年度配置 AEBS 车型增幅达 51.5%(图 2.2)。值得一提的是,2020 年在法规未强制要求阶段,N3 类载货汽车主动配置 AEBS 的配置率为 0.18%。

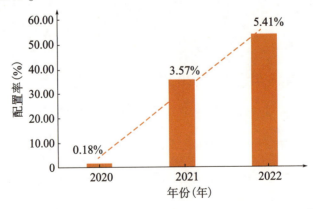

图 2.2　2020—2022 年 N3 类载货汽车新车车型 AEBS 配置对比

牵引车辆方面,根据《营运货车安全技术条件 第2部分:牵引车辆与挂车》(JT/T 1178.2—2018)要求,从2021年5月1日起,最高车速大于或等于90km/h的牵引车辆应安装自动紧急制动系统(AEBS)。从具体车型来看,2020—2022年N3类牵引车辆AEBS的配置率呈逐年上升趋势,2022年较2021年度配置AEBS的车型增幅达24.9%(图2.3)。值得一提的是,2020年在法规未强制要求阶段,N3类牵引车辆主动配置AEBS的配置率为0.04%。

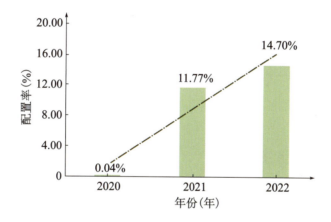

图2.3 2020—2022年N3类牵引车辆AEBS配置对比

第 3 章　营运车辆 AEBS 产品性能

本章介绍了 AEBS 产品的感知系统、执行系统及参与 AEBS 配置的企业情况,并根据产品使用说明书,按照 AEBS 碰撞防控的速度工况、交通要素、时间空间三个维度对 AEBS 使用性能进行数据统计分析。

3.1　AEBS 产品生产

3.1.1　AEBS 感知系统

(1)营运客车

根据道路运输装备安全系统服务平台统计,截至 2022 年底营运客车配置的 AEBS 感知方案共包含 4 种方式,分别是毫米波雷达感知、摄像头感知、毫米波雷达+摄像头感知及激光雷达+毫米波雷达感知。不同 AEBS 感知方案在营运客车中配置占比如图 3.1 所示。

在所统计的营运客车 AEBS 中,共 17 家摄像头生产企业和 10 家毫米波雷达生产企业参与营运客车 AEBS 感知方案配置。其中,营运客车

AEBS的摄像头供应企业全部实现本土化,国内企业配置车型数占比100%;在10家毫米波雷达供应企业中,国内企业配置车型数占比52.28%,国外企业配置车型数占比47.72%。

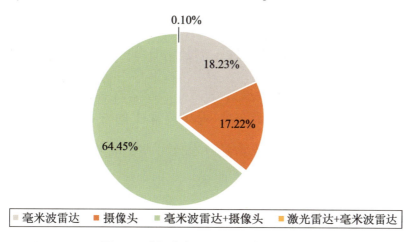

图3.1 营运客车AEBS感知方案及比例

(2)载货汽车

载货汽车配置的AEBS感知方案共包含3种方式,分别是毫米波雷达感知、摄像头感知及毫米波雷达+摄像头感知,不同AEBS感知方案在载货汽车中配置占比如图3.2所示。

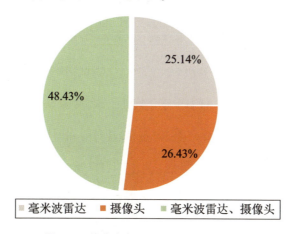

图3.2 载货汽车AEBS感知方案及比例

在所统计的载货汽车 AEBS 中,共 15 家摄像头生产企业和 10 家毫米波雷达生产企业参与载货汽车 AEBS 感知方案配置。其中,载货汽车 AEBS 的摄像头供应企业中,国内企业配置车型数占比 55.93%,国外企业配置占比 44.07%;在 10 家毫米波雷达供应企业中,国内企业配置车型数占比 58.71%,国外企业配置车型数占比 41.29%。

(3)牵引车辆

牵引车辆配置的 AEBS 感知方案共包含 3 种方式,分别是毫米波雷达感知、摄像头感知及毫米波雷达+摄像头感知,不同 AEBS 感知方案在牵引车辆中配置占比如图 3.3 所示。

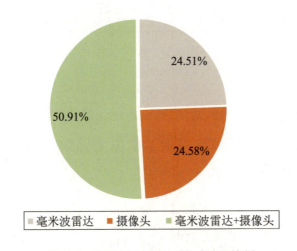

图 3.3 牵引车辆 AEBS 感知方案及比例

在所统计的牵引车辆 AEBS 中,共 12 家摄像头生产企业和 14 家毫米波雷达生产企业参与感知方案配置。其中,牵引车辆 AEBS 的摄像头供应企业中,国内企业配置车型数占比 54.07%,国外企业配置车型数占比 45.93%;在 10 家毫米波雷达供应企业中,国内企业配置车型数占比 54.28%,国外企业配置车型数占比 45.72%。

3.1.2 AEBS 执行系统

(1) 营运客车

在所统计的营运客车 AEBS 中,涉及 24 家 AEBS 控制器生产企业。其中,配置量前十名的控制器生产企业及配置比例如图 3.4 所示。

图 3.4 营运客车 AEBS 控制器生产企业前十名及配置比例

注:克诺尔表示国内代理克诺尔品牌企业总称。

(2) 载货汽车

在所统计的载货汽车 AEBS 中,涉及 15 家 AEBS 控制器生产企业。其中,配置量前十名的控制器生产企业及配置比例如图 3.5 所示。

(3) 牵引车辆

在所统计的牵引车辆 AEBS 中,涉及 16 家 AEBS 控制器生产企业。其中,配置量前十名的控制器生产企业及配置比例如图 3.6 所示。

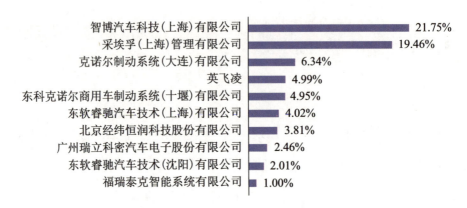

图 3.5　载货汽车 AEBS 控制器生产企业前十名及配置比例

注：英飞凌表示国内代理英飞凌品牌企业总称。

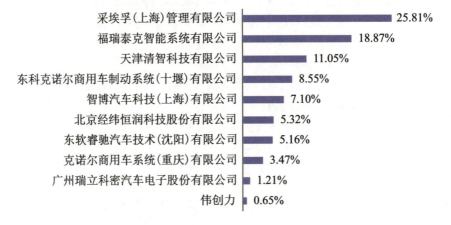

图 3.6　牵引车辆 AEBS 控制器生产企业前十名及配置比例

注：伟创力表示国内代理伟创力品牌企业总称。

3.2　营运车辆新车 AEBS 配置企业

(1) 截至 2020 年底

据统计,24 家企业参与营运客车新车 AEBS 配置,配置量前十名的企业(配置车型占比90.75%)及配置比例如图3.7所示。

图3.7 截至2020年底营运客车新车AEBS配置量前十名企业及配置比例

从营运货车新车配置AEBS的生产企业来看,主要有2家企业参与AEBS配置:东风商用车有限公司配置了载货汽车新车车型,车辆数为24个;智博汽车科技(上海)有限公司配置了载货汽车新车车型和牵引汽车新车车型,车辆数分别为15个和1个。

(2)截至2021年底

据统计,25家企业参与营运客车新车AEBS配置,配置量前十名的企业(配置车型占比91.78%)及配置比例如图3.8所示。

图3.8 截至2021年底营运客车新车AEBS配置量前十名企业及配置比例

17家企业参与载货汽车新车AEBS配置,配置量前十名的企业(配置车型占比96.40%)及配置比例如图3.9所示。

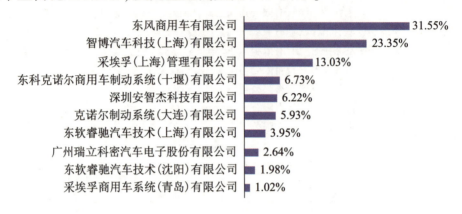

图3.9 截至2021年底载货汽车新车AEBS配置量前十名企业及配置比例

12家企业参与牵引车辆新车AEBS配置,配置量前十名的企业(配置车型占比99.28%)及配置比例如图3.10所示。

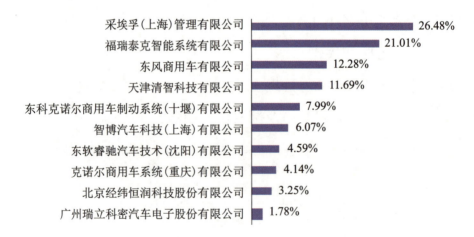

图3.10 截至2021年底牵引车辆新车AEBS配置量前十名企业及配置比例

(3)截至2022年底

据统计,27家企业参与营运客车新车AEBS配置,配置量前十名的企业(配置车型占比91.64%)及配置比例如图3.11所示。

第3章 营运车辆AEBS产品性能

图 3.11 截至 2022 年底营运客车新车 AEBS 配置量前十名企业及配置比例

18 家企业参与载货汽车新车 AEBS 配置,配置量前十名的企业(配置车型占比 96.62%)及配置比例如图 3.12 所示。

图 3.12 截至 2022 年底载货汽车新车 AEBS 配置量前十名企业及配置比例

17 家企业参与牵引车辆新车 AEBS 配置,配置量前十名的企业(配置车型占比 97.75%)及配置比例如图 3.13 所示。

图 3.13　截至 2022 年底牵引车辆新车 AEBS 配置量前十名企业及配置比例

3.3　AEBS 使用性能

统计道路运输装备安全系统服务平台截至 2022 年底 12 家 AEBS 生产厂商的申报数据，按照 AEBS 碰撞防控的速度工况、交通要素、时间空间三个维度对 AEBS 使用性能进行分析，12 家生产厂商分别为河南护航实业股份有限公司、浙江荣众科技有限公司、广州瑞立科密汽车电子股份有限公司、厦门金龙联合汽车工业有限公司、昆山星际舟智能科技有限公司、浙江鼎奕科技发展有限公司、福瑞泰克智能系统有限公司、理工雷科智途（北京）科技有限公司、珠海骏驰科技有限公司、东莞市粤熙实业有限公司、江苏神雨护航科技发展有限公司、天津清智科技有限公司。

3.3.1 全工况防控性能

从对碰撞事故防控速度工况看,我国营运车辆 AEBS 基本覆盖了营运车辆运行速度区间,但低速工况碰撞防控能力有待进一步提升。

按照我国营运车辆 AEBS 工作速度区间统计,系统在 15～80km/h 速度工况下已全部具备碰撞防控能力;对于 80～100km/h 速度工况,80% 的 AEBS 具备碰撞防控能力;对于 15km/h 以下与 100km/h 以上的速度工况,具备碰撞防控能力的 AEBS 占比分别为 25% 与 42%,营运车辆 AEBS 速度工况防控水平统计如图 3.14 所示。

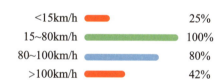

图 3.14 营运车辆 AEBS 速度工况防控水平统计

3.3.2 全要素防控性能

从对碰撞事故防控的交通要素来看,我国营运车辆 AEBS 全面具备了对于车辆及行人的碰撞防控能力,但对于摩托车及骑行者的碰撞防控能力有待进一步提升。

按照我国营运车辆 AEBS 识别交通要素统计,AEBS 已全部具备对汽车与行人目标的碰撞防控能力;对于摩托车目标,17% 的 AEBS 具备碰撞防控能力;而对于两轮骑行者目标与三轮骑行者目标,具备碰撞防控能力的 AEBS 占比分别为 25% 与 8%,营运车辆 AEBS 交通要素防控水平统计如图 3.15 所示。

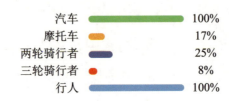

图 3.15　营运车辆 AEBS 交通要素防控水平统计

3.3.3　全时空防控性能

从事故防控的时间与空间看,我国营运车辆 AEBS 初步实现了在良好气象和一般道路环境下对碰撞风险的防控,但对于不良天气及重点路段(桥、隧、弯、坡)的碰撞防控能力有待进一步提升。

(1)气象环境防控性能

按照我国营运车辆 AEBS 适用的气象环境统计,AEBS 已全部具备在良好天气条件下的碰撞防控能力;对于轻度雨雪雾天气,50% 的 AEBS 具备碰撞防控能力;而对于中度雨雪雾天气,具备碰撞防控能力的 AEBS 占比仅为 25%,营运车辆 AEBS 适用的气象环境防控水平统计如图 3.16 所示。

图 3.16　营运车辆 AEBS 适用的气象环境防控水平统计

(2)道路环境防控性能

按照我国营运车辆 AEBS 适用的道路环境统计,AEBS 已全部具备一般道路条件的碰撞防控能力;对于坡道和弯道,具备碰撞防控能力的

AEBS 占比分别为 50% 与 25%；而对于桥梁及隧道，仅有 33% 和 17% 的 AEBS 具备碰撞防控能力，营运车辆 AEBS 适用的道路环境防控水平统计如图 3.17 所示。

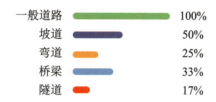

图 3.17　营运车辆 AEBS 适用的道路环境防控水平统计

第 4 章 营运车辆 AEBS 检测评价

本章梳理了检测机构的 AEBS 检测能力和 AEBS 检测设备情况,并选取具有代表性的 50 组不同车型的测试数据,分析了 AEBS 检测的感知性能、预警性能和制动性能,并分别针对预警功能和制动功能给出合理的意见建议。

4.1　AEBS 检测技术

4.1.1　AEBS 检测能力

通过查询道路运输车辆技术服务网检测机构信息,共计 21 家检测机构全部或者部分具备包括客车、乘用车、载货汽车、牵引车辆和挂车的道路运输车辆达标车型检测能力。进一步查询各检测机构的检测能力可见,共计 14 家检测机构具备《营运车辆自动紧急制动系统性能要求和测试规程》(JT/T 1242—2019)(简称《测试规程》)中 AEBS 测试规程的全部能力,3家检测机构完全不具备标准要求的测试能力,4家检测机构具备标准要求的部分检测能力,10家检测机构具备标准中AEBS部件环境适应性的全项检测能力,详见表4.1。

检测机构AEBS试验测试能力　　　　　表4.1

序号	检测机构	《测试规程》要求			
		4 一般要求	5 功能要求	6 环境适应性要求	7 测试规程
1	长春汽车检测中心有限责任公司[国家汽车质量检验检测中心(长春)]	√	√	√	√
2	中机科(北京)车辆检测工程研究院有限公司(国家工程机械质量检验检测中心)	√	√	√	√
3	中国汽车工程研究院股份有限公司检测中心[国家机动车质量检验检测中心(重庆)]	√	√	√	√
4	中汽研汽车检验中心(天津)有限公司(国家轿车质量检验检测中心)	√	√	√	√
5	招商局检测车辆技术研究院有限公司(国家客车质量检验检测中心)	√	√	√	√
6	襄阳达安汽车检测中心有限公司[国家汽车质量检验检测中心(襄阳)]	√	不测5.6.5	√	√
7	洛阳西苑车辆与动力检验所有限公司(国家拖拉机质量检验检测中心)	仅4.5	√	√	仅7.4、7.5

续上表

序号	检测机构	《测试规程》要求			
		4 一般要求	5 功能要求	6 环境适应性要求	7 测试规程
8	海南热带汽车试验有限公司	√	√	√	√
9	中公高远(北京)汽车检测技术有限公司[国家汽车质量检验检测中心(北京通州)]	√	√	限	√
10	上海机动车检测认证技术研究中心有限公司[国家机动车产品质量检验检测中心(上海)]	√	√	√	√
11	河北省机械科学研究设计院有限公司[机械工业汽车产品质量监督检测中心(石家庄)]	√	√	限	限7.4.7行人测试、7.4.8车路通信测试
12	中汽研汽车检验中心(武汉)有限公司(国家新能源汽车质量检验检测中心)	√	不做5.6	仅6.1、6.2	限7.4.8、7.5
13	中国农业机械化科学研究院集团有限公司(国家农机具质量检验检测中心)	√	√	限	√
14	北京市产品质量监督检验研究院[国家汽车质量检验检测中心(北京顺义)]	√	√	限	√
15	中质智通检测技术有限公司(国家智能商用车质量检验检测中心)	√	不做5.6	限	√
16	中汽研汽车检验中心(宁波)有限公司	√	不做5.6	限	不做7.4.8
17	中机寰宇(山东)车辆认证检测有限公司	×	×	×	×

续上表

序号	检测机构	《测试规程》要求			
		4 一般要求	5 功能要求	6 环境适应性要求	7 测试规程
18	湖南机动车检测技术有限公司[国家新能源汽车质量检验检测中心(湖南)]	√	√	√	√
19	柳州汽车检测有限公司[国家汽车质量检验检测中心(广西)]	×	×	×	×
20	济南汽车检测中心有限公司(国家重型汽车质量检验检测中心)	√	√	限	√
21	吉林大学(吉林大学车辆产品检测实验室)	×	×	×	×

在各项条件准备齐全的情况下,AEBS道路试验测试耗时一般为2～3d,由此可见,目前行业的AEBS测试能力储备足够,且随着AEBS配置的不断普及,会有更多的检测机构不断完善自身的检测能力,完全有能力、有条件应对《测试规程》在全车型上配置AEBS的检测需求。

4.1.2 AEBS检测设备

汽车行业检测机构AEBS道路试验检测设备主要为组合惯导系统(陀螺仪),加速、制动踏板机器人,转向机器人,双车协调控制系统,GPS差分基站,目标物(模拟假车、假人等),声光报警信号采集模块等。AEBS道路试验测试主要检验设备见图4.1。

AEBS道路试验主要检验设备用途和设备照片见表4.2。

图 4.1 AEBS 道路试验测试主要检验设备

注：*代表可以由其他方式替代。

AEBS 道路试验主要检测设备　　　　　　　　　　　　表 4.2

序号	仪器名称	用途	设备照片
1	组合惯导系统	实时获取各个目标相对于被测车辆的位置、方向、速度和加速度信息，可内置 RT-Range Hunter 功能	
2	双车协调控制系统	实时计算距离、碰撞时间和其他相关测量数据的实时网络。目标可以是车辆、软目标、行人模型或附近的物体	
3	GPS 差分基站	独立、防风雨的便携式 GNSS 基站。设置快速简便，并通过无线电调制解调器或（可选）通过 Wi-Fi 将校正传输到本地接收器	

续上表

序号	仪器名称	用途	设备照片
4	目标物（EVT目标气球假车、AEB行人系统、GST重载自主移动平台、3D软体假车等）	具有同实车、真人高度相似的视觉特性和电磁散射特性，能够替代实车评价汽车的智能驾驶系统，避免被测汽车与目标车发生碰撞造成碰撞双方及驾驶员损伤	
5	声光报警信号采集模块	采集光、声音等报警信号，能实现声学和光学报警信号的准确采集，并能保证其他信号与声光报警信号的同步采集。记录预警信号触发的时刻	
6	数据采集系统	提供CAN和模拟量采集通道，记录试车辆的速度、加速度、预警时刻，目标车辆的速度，被试车辆与目标车辆的相对距离、预计碰撞时间、中心线偏差等信息，并提供滤波处理和显示界面	

续上表

序号	仪器名称	用途	设备照片
7	转向机器人/加速、制动踏板机器人	提供转角、转矩输入,控制车辆行驶路径,用于行人测试,与模拟假人同步控制车辆和假人的行驶路线	

为确保AEBS不受车内或周围环境其他电磁信号干扰,还应对其进行电磁环境适应性测试。电磁环境适应性主要检测设备有静电枪、超小型干扰模拟器电压跌落信号发生器、容性耦合钳、感性耦合钳。电气环境适应性和机械环境适应性主要检测设备有双极电源、垂直台体、水平滑台、环境箱等,主要技术参数见表4.3。

AEBS环境适应性主要检测设备 表4.3

序号	设备名称	主要技术参数
1	静电枪	输出电压:1k~30kV;输出电压容差:±5%
2	超小型干扰模拟器	试验电平最大允许差+10%,内阻最大允许差±10%
3	电压跌落信号发生器	试验电平最大允许差+10%,内阻最大允许差±10%
4	容性耦合钳	电阻、电容最大允许差±10%
5	感性耦合钳	电阻、电容最大允许差±10%
6	垂直台体	最大正弦推力为63.7kN,工作频率范围为2~2700Hz,最大位移为76mm(p-p),最大速度为2.0m/s,最大加速度为980m/s^2(100g),最大载荷约为10kN
7	水平滑台	工作频率范围为5~1500Hz;最大位移:51mm(p-p) 最大速度:1.5 m/s;最大加速度:262m/s^2 最大载荷:约5kN

续上表

序号	设备名称	主要技术参数
8	环境箱	温度范围:-70~+150℃;温度均匀度:≤2℃ 湿度范围:20%~98%(相对湿度) 变化速率: 升温:≥5℃/min(-40~+85℃) 降温:≥5℃/min(+85~40℃) 湿度误差:±0.67%RH(范围10%RH~98%RH) 内部工作室尺寸(长×宽×高)(mm):2000×2000×2000
9	双极电源	电压:DC(0~42V),AC(0~84V) 电流:DC(0~10.5A),AC(0~21A) 输出电压精度:≤0.05%+0.05%F.S 输出电流精度:≤0.3%+0.1%F.S

注:p-p 是指峰值位移,也称为峰峰值。

  目前各汽车检测机构为了满足试验检测数据的一致性和可重复性,保证行业能力比对数据的有效可靠,在 AEBS 检测能力完善中普遍会长远考虑,选择购置国外技术成熟、性能可靠、数据稳定的检测设备。例如,招商局检测车辆技术研究院有限公司 AEBS 检测设备主要为从英国进口的 ABD SR60 和 SR150 驾驶机器人(包括转向机器人/制动、加速组合机器人),牛津 RT 3002+RT base 差分基站,AVAD2 声光数据采集系统;从德国进口的目标假车(气球车,通过欧盟新车安全评鉴协会 Euro-NCAP 认证)。英国 ABD 转向机器人和 GPS 差分基站可实现对试验车辆行驶路径的精准控制,误差在 0.01~0.02m,制动、加速组合机器人可实现对车辆行驶车速的准确控制,误差在 0.1km/h;双车通信模块 RT-RANGE 可实现对前后车辆的车速、相对距离、减速度的有效控制,可以同时满足国家标准、欧洲标准等相关高级驾驶辅助系统

(Advanced Driver Assistance System,ADAS)标准试验、产品标定、性能验证的精度要求。

国外设备存在购置价格高、供货周期长、售后服务不便、使用操作不够友好等缺点。

AEBS 道路试验主要检测设备国产替代情况见表4.4。

AEBS 道路试验主要检测设备国产替代情况 表4.4

序号	仪器名称	是否国产可替代,具体厂家	备注(价格、可靠性,其他因素)
1	组合惯导系统	暂无有成熟的国产设备	—
2	双车协调控制系统	暂无有成熟的国产设备	—
3	GPS 差分基站	北京华星智控	相对进口在价格上优势明显
4	目标物(EVT 目标气球假车、AEB 行人系统、GST 重载自主移动平台、3D 软体假车)	长沙立中汽车设计开发股份有限公司、武汉朗维科技有限公司	国产相对进口在价格上优势明显,且在设备维护保养售后方面处理更快捷
5	声光报警信号采集模块	暂无有成熟的国产设备	—
6	数据采集系统	(1)洛阳耐欧电气有限公司(具备完备的符合汽车测试的数据采集系统及配套的传感器); (2)秦皇岛市信恒电子科技有限公司; (3)江苏东华测试技术股份有限公司	国产相对进口在价格上优势明显,在设备维护保养售后方面处理更快捷,且传感器配套丰富,价格低廉
7	转向机器人/加速、制动踏板机器人	暂无有成熟的国产设备	—

4.2　AEBS 性能检测

选取具有代表性的 50 组不同车型的测试数据,其中客车数据 20 组、牵引车数据 15 组、载货汽车数据 8 组、自卸车数据 5 组、搅拌车数据 2 组,分析 AEBS 检测的各项性能。

(1)感知性能

目标检测区域需进行目标检测距离和目标检测宽度两项测试,根据检测结果,配置 AEBS 的营运车辆目标检测区域均能满足《测试规程》要求,详见表 4.5。

AEBS 目标检测区域标准要求及测试结果　　表 4.5

评价指标	最小检测距离	最大检测距离	最小检测水平横向宽度
标准要求	不大于 2m	目标车辆不小于 150m,目标行人不小于 60m	不小于 3.75m
测试结果	详见图 4.2	详见图 4.3	均能在 3.75m 车道内检测到目标物

从图 4.2 可以看出,80% 的 AEBS 对目标车辆的最小检测距离不大于 1m,68% 的 AEBS 对目标行人最小检测距离不大于 1m。从图 4.3 可以看出,AEBS 对目标车辆最大检测距离主要在 150～160m 和 190～200m 两个范围内,分别占比 34% 和 42%;AEBS 对目标行人最大检测距

离主要在 90~150m,占比 64%。

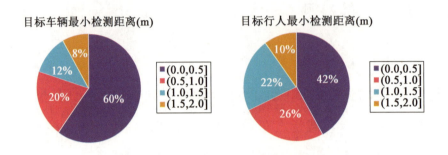

图 4.2　最小检测距离测试结果统计

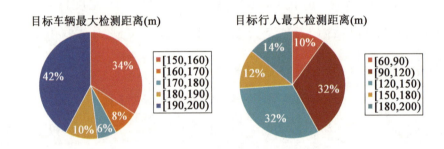

图 4.3　最大检测距离测试结果统计

(2)预警性能

①预警方式

从表 4.6 可以看出,无论障碍物是行人或行车均有一级预警和二级预警,行人预警和行车预警主要通过视觉信号进行区分,小车图标代表行车预警,小人图标代表行人预警。行人的一级预警和二级预警和行车的一级预警和二级预警分别相同,一级预警和二级预警之间主要通过声音频率进行区分。

营运车辆 AEBS 主要预警方式　　　　　　　　表 4.6

预警级别	预警方式		
	视觉预警	听觉预警	触觉预警
一级碰撞预警（行车）		"滴滴滴"的声音 声音频率 3525Hz 音量 66.3dB	无触觉预警
二级碰撞预警（行车）		急促"滴滴滴滴滴滴"的声音 声音频率 3525Hz 音量 66.3dB	无触觉预警
一级碰撞预警（行人）		"滴滴滴"的声音 声音频率 3525Hz 音量 66.3dB	无触觉预警
二级碰撞预警（行人）	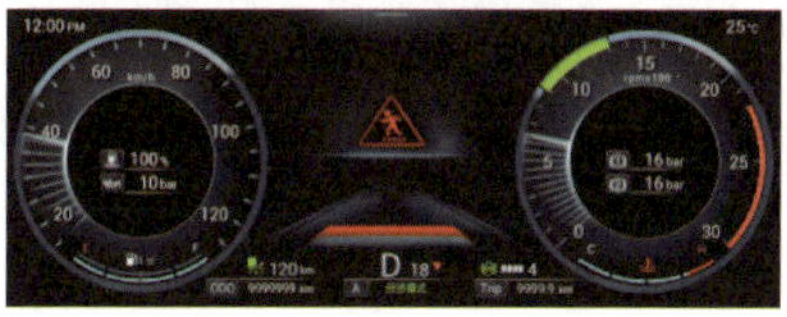	急促"滴滴滴滴滴滴"的声音 声音频率 3525Hz 音量 66.3dB	无触觉预警

②预警时间

t_1 和 t_2 分别为一级预警和二级预警时刻距紧急制动时刻的时间间隔。自车车速 80km/h 工况下的测试数据如图 4.4 和图 4.5 所示,94% 的 t_1 大于 1.5s,64% 的 t_1 在 1.5~2.0s 范围内,仅 8% 的 t_1 不大于 1.5s;92% 的 t_2 小于 1.5s,54% 的 t_2 在 1.0~1.5s 范围内,仅 8% 的 t_2 大于 1.5s。

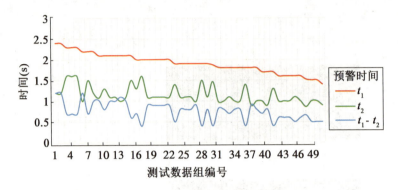

图 4.4　预警时间测试结果

图 4.5　预警时间测试结果统计

值得注意的是，图 4.4 中 t_1-t_2 差值曲线，约有 20% 的数据不大于 0.5s，最小约为 0.4s。这表示一级预警和二级预警时间间隔较短，驾驶员无法准确进行区分。

③预警阶段减速量

在自车以 80km/h 的速度撞击目标假车，以 60km/h 的速度撞击目标假人工况下，AEBS 预警阶段的减速量数据如表 4.7 和图 4.6 所示。当障碍物为假车时，74% 的 AEBS 预警阶段减速量小于 10km/h，其中 48% 不大于 5km/h；当障碍物为假人时，94% 的 AEBS 预警阶段减速量小于 10km/h，其中 56% 不大于 5km/h。但是，从实际测试情况来看，预警阶段减速量越大,紧急制动阶段制动过程较平稳且与目标物撞击时的车速也更小,同时还能向驾驶员发出明显的预警。

AEBS预警阶段减速量统计数据(km/h)　　　　　　表4.7

项目	最大值	最小值	平均值
撞击目标假车	12.8	1.3	4.1
撞击目标假人	12.8	1.4	5.1

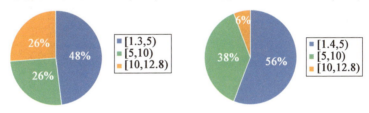

图4.6　AEBS预警阶段减速量检测数据统计结果

(3)紧急制动性能

根据测试结果,对于自车速度为40km/h的目标假车静止测试和目标假车移动测试,通过紧急制动阶段均能避免两车相撞。对于自车速度为80km/h的目标假车静止测试和假人测试,通过紧急制动阶段,自车减速量虽然均能满足标准要求,但是具体的减速量又各不相同。在自车以80km/h的速度撞击目标假车,以60km/h的速度撞击目标假人工况下,AEBS紧急制动阶段的减速量和碰撞车速数据如表4.8和图4.7所示。约有24%的AEBS能确保不与假车相撞,碰撞车速大于30km/h占比52%;46%的AEBS能确保不与行人发生碰撞,碰撞速度不大于15km/h占比高达68%,但仍有32%碰撞速度大于15km/h。

AEBS 紧急制动阶段减速量统计数据（km/h）　　　表 4.8

项目	最大值	最小值	平均值
撞击目标假车	76.4	31.2	66.3
撞击目标假人	54.9	22.4	45.7

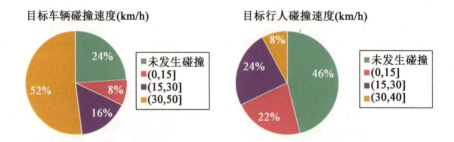

图 4.7　AEBS 紧急制动阶段碰撞车速测试结果统计

4.3　问题与建议

4.3.1　预警功能

一是一级预警和二级预警时间间隔较短。根据以上数据可见，部分 AEBS 一级预警和二级预警仅间隔 0.4s，驾驶员不能很好地进行区分。建议增加一、二级预警间的时间间隔，实际测试表明，当一级预警和二级预警时间间隔不小于 0.6s 时，驾驶员可很好地进行区分。

二是预警阶段的减速量不明显。建议增加预警阶段减速量，实际测试表明，当预警阶段减速量大于 10km/h 时，驾驶员警觉性会变高，紧急制动过程较平稳，剐碰前方障碍物概率较低。

4.3.2 制动功能

一是建议适当增加减速量要求。对于 AEBS 制动减速量刚好大于《测试规程》限值的营运车辆,虽然满足《测试规程》要求,但是从测试结果来看,仍然会对目标车辆或行人造成较大伤害。实际测试表明,碰撞车速大于 30km/h 时,会对假车造成较大伤害,碰撞车速大于 15km/h 时,会对假人造成较大伤害。因此,建议目标车辆碰撞车速不高于 30km/h,目标行人碰撞车速不高于 15km/h。

二是建议紧急制动阶段不能中途退出。某营运车辆在进行目标车辆静止的高速工况测试时,准确发出了预警信号,并进入了紧急制动阶段,但是由于制动跑偏,驾驶员对转向盘转角进行了较大幅度的调整,导致目标丢失,紧急制动突然退出,以较高速度撞击障碍物,对设备和试验样车均造成了较大程度的伤害。建议从控制算法入手,要求 AEBS 紧急制动介入后,不能中途退出。

第 5 章　营运车辆 AEBS 应用评价

本章结合车端数据储存和云台数据统计等多终端的实时交互,构建形成实际使用过程中 AEBS 综合评价指标体系,包括 AEBS 的开启率、使用率、预警频率和制动频率、精确率和召回率、平均事件时长、碰撞避免次数、碰撞缓解次数及经济效益,并对所托(杭州)汽车智能设备有限公司(简称"所托瑞安")、清智汽车科技(苏州)有限公司(简称"清智科技")、金龙联合汽车工业(苏州)有限公司(简称"苏州金龙")三家企业的 AEBS 应用效果进行评价。

5.1　评价指标

5.1.1　开启率

开启率(单位:%)指 AEBS 开启车辆数目/装载 AEBS 车辆运行总数。例如:某车队装有 AEBS 的车辆运行数量 100 辆,运行过程中有 90

辆车 AEBS 是开启的,则开启率为 90%。

该项指标反映了运营车队和驾驶员对 AEBS 的认可度,也侧面反馈了 AEBS 在实际应用的可行性。

5.1.2 使用率

使用率(单位:%)指 AEBS 使用时长/车辆运行时长。例如:某车辆运行了 1000km,AEBS 激活正常使用的公里数有 950km,使用率为 95%;或者该车辆运行了 100h,AEBS 激活正常使用的时长为 95h;使用率为 95%。AEBS 未激活工况包含车辆低速行驶(行驶车速小于 15km/h)、倒车等。

该项指标反映了 AEBS 全面覆盖度和驾驶员接受度。

5.1.3 预警频率与制动频率

预警频率(单位:km/次)指平均预警间隔里程,即 AEBS 预警平均发生一次,车辆行驶公里数。制动频率(单位:km/次)指平均制动间隔里程,即 AEBS 制动平均发生一次,车辆行驶公里数。

预警频率和制动频率的变化表明,在不同道路类型和不同车辆速度下,AEBS 的触发概率不同。

5.1.4 精确率与召回率

精确率(单位:%)指 AEBS 正向触发次数/(AEBS 正向触发次数 + AEBS 误触发次数)。召回率(单位:%)指 AEBS 正向触发次数/(AEBS

正向触发次数 + AEBS 漏触发次数）。

精确率越高,表明 AEBS 在不同道路环境下,误报率低,产品可靠性高。召回率越高,表明 AEBS 在不同道路环境下,漏报率低,产品可靠性高。

5.1.5　平均事件时长

平均事件时长(单位:s)指 AEBS 预警开始时刻至驾驶员介入干预时刻的时间段。

平均事件时长反映了驾驶员对于预警后介入接管的速度。

5.1.6　碰撞避免次数或碰撞减轻次数

碰撞避免次数(单位:次/百辆车)指 AEBS 触发预警或预警和制动,驾驶员因此介入或 AEBS 紧急制动,最终避免了碰撞发生的次数。

碰撞减轻次数(单位:次/百辆车)指 AEBS 触发预警或预警和制动,驾驶员因此介入或 AEBS 紧急制动,虽然发生碰撞,但是碰撞时车速得到有效降低,以此来统计碰撞减轻的次数。

5.1.7　经济效益

经济效益指 AEBS 直接减少人员伤亡和经济损失。此外,车辆保险的赔付率降低也能体现 AEBS 产生的经济效益。

单次事故避免效益分析指人员伤亡、财产损失和车辆损失分析。综合效益产生次数指碰撞避免次数与碰撞减轻次数的和。

5.2 应用评价

5.2.1 所托瑞安 AEBS 应用评价

2022 年期间(共 12 个月),搭载所托瑞安 AEBS 的营运车辆月均运行数量 20360 台,月均运行里程累计达 14108 万 km,具体应用评价如表 5.1所示。

所托瑞安 AEBS 应用评价　　　　表 5.1

序号	评价指标	所托瑞安统计数据	
1	开启率	96%	
2	使用率	92%	
3	预警频率	低速:车速≤30km/h	16km/次
		中速:车速≤60km/h	15.8km/次
		高速:车速>60km/h	39km/次
4	制动频率	低速:车速≤30km/h	332km/次
		中速:车速≤60km/h	312km/次
		高速:车速>60km/h	622km/次
5	精确率	—	
6	召回率	—	

续上表

序号	评价指标	所托瑞安统计数据
7	平均事件时长	1.80s
8	碰撞避免次数	176次/(百辆车·月)
9	碰撞减轻次数	3.4次/(百辆车·月)
10	经济效益	2020—2022年满期赔付率由86%降至44%

5.2.2 清智科技AEBS应用评价

2019年7月—2022年9月(共39个月),清智科技数据云平台对32辆装有AEBS的车辆进行数据采集和监控,并对这些数据进行了整理和分析,该组车辆总行驶里程达到498971.83km,其GPS点位信息追踪24662823次,车辆平均行驶速度为24.37km/h。在AEBS激活统计方面,清智科技云平台记录了AEBS报警4283次,AEBS制动383次,报警平均车速46.34km/h,具体应用评价如表5.2所示。

清智科技AEBS应用评价 表5.2

序号	评价指标	清智科技统计数据
1	开启率	90%以上
2	使用率	89.1%
3	预警频率	116.5km/次
4	制动频率	1302.8km/次
5	精确率	99.5%
6	召回率	—
7	平均事件时长	0.6s

续上表

序号	评价指标	清智科技统计数据
8	碰撞避免次数	30.7次/(百辆车·月)
9	碰撞减轻次数	30.7次/(百辆车·月)
10	经济效益	—

5.2.3 苏州金龙AEBS应用评价

2019年4月—2022年12月(共45个月),苏州金龙自主研发的AEBS产品与出厂车辆匹配4300余套,运行累积里程达到30000万km,其间,AEBS配套情况与开启率如表5.3所示,应用评价如表5.4所示。

苏州金龙AEBS配套情况及开启率统计　　表5.3

年度(年)	AEBS(套)	合计(套)	开启率(%)	加权(%)
2019	1259	4316	95	96.2
2020	1264		96	
2021	712		96	
2022	1081		97	

苏州金龙AEBS应用评价　　表5.4

序号	评价指标	苏州金龙统计数据
1	开启率	96.2%
2	使用率	100%
3	预警频率	258km/次

续上表

序号	评价指标	苏州金龙统计数据
4	制动频率	2.3 万 km/次
5	精确率	92.7%
6	召回率	96.5%
7	平均事件时长	0.74s
8	碰撞避免次数	8.9 次/(百辆车·月)
9	碰撞减轻次数	124.4 次/(百辆车·月)
10	经济效益	新增产值总计约 480000 万元;新增税收约 4900 万元

第 6 章　营运车辆 AEBS 应用案例

本章介绍了所托瑞安、清智科技和苏州金龙三家企业实际场景下的 AEBS 成功应用案例，包括车对车、车对非机动车、车对人等工况，白天与夜晚的场景，详细描述了 AEBS 从预警到驾驶员是否采取措施，再到自动紧急制动的工作过程。

6.1　所托瑞安 AEBS 应用案例

所托瑞安分别从车对车、车对非机动车、车对人三种工况，含白天和夜晚两种场景，提供了 5 个 AEBS 应用案例。

6.1.1　车对车工况

（1）碰撞缓解

本次 AEBS 作用发生时间是 2020 年 11 月 4 日 12:28，位于湖南省长沙市长沙县贺龙体校路。12:28:19,自车与前车距离27.2m,车距保持距离碰撞时间(Time to Collision,TTC)为1.18s,前向碰撞预警启动。12:28:23,驾驶员未采取任何措施规避风险,此时车距保持TTC仅为0.79s,设备启动一级制动,情况紧急随即升级到二级制动,自车车速从82km/h迅速下降到77km/h,下降约6%。12:28:24,驾驶员在设备预警提示下意识到风险并采取主动制动。12:28:26,自车车速开始低于前车车速,两车最小车距3.79m,后车与前车距离拉开,风险解除。AEBS作用现场如图6.1所示,本次作用的相关数据如图6.2所示。

a)前向碰撞预警开始

b)设备制动

c)驾驶员采取措施,设备退出

图6.1 AEBS作用现场

若系统未介入,即使驾驶员及时紧急制动,自车与前车速度相同的时间点会延迟300ms,且两车最小车距仅为1.5m,碰撞风险较大。

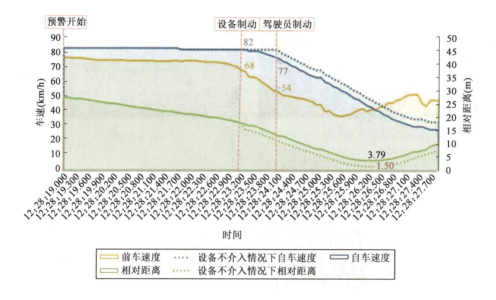

图 6.2　AEBS 作用相关数据情况

(2) 碰撞避免

①白天 AEBS 制动场景

本次 AEBS 作用发生时间是 2020 年 9 月 5 日 16∶42，位于山西省晋中市介休市义安镇 X383。16∶42∶18，自车与前车距离 20.8m，车距保持 TTC 为 1.66s，前向碰撞预警启动。16∶42∶19，驾驶员未采取任何措施规避风险，此时车距保持 TTC 仅为 1.80s，设备启动一级制动，情况紧急随即升级到三级制动，自车车速从 45km/h 迅速下降到 3km/h，下降约 93%。16∶42∶23，设备三级制动后，风险解除，退出制动。AEBS 作用现场如图 6.3 所示，本次作用的相关数据如图 6.4 所示。

若系统未介入，即使驾驶员及时制动，自车与前车速度相同的时间点会延迟 300ms，且两车最小车距仅为 3.7m，碰撞风险较大。

a) 前向碰撞预警开始

b) 设备制动

c) 风险解除，设备退出

图6.3　AEBS作用现场

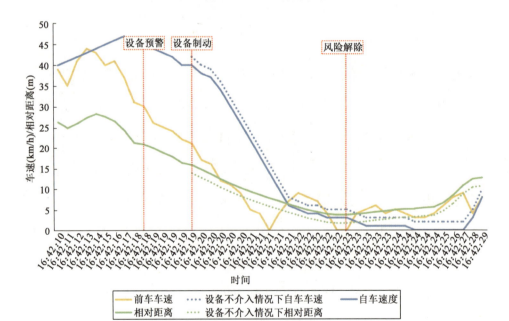

图6.4　AEBS作用相关数据情况

第6章 营运车辆AEBS应用案例

②夜晚 AEBS 制动场景

本次 AEBS 作用发生时间是 2020 年 10 月 22 日 17:49,位于河北省唐山市丰润区王官营镇碾唐线。17:49:58,自车与前车距离 18.9m,车距保持 TTC 为 1.84s,前向碰撞预警启动。17:50:02,驾驶员未采取任何措施规避风险,此时车距保持 TTC 仅为 1.19s,设备启动一级制动,情况紧急随即升级到三级制动,自车车速从 37km/h 迅速下降到 11km/h,下降约 70%。17:50:04,设备三级制动后,风险解除,退出制动。AEBS 作用现场如图 6.5 所示,本次作用的相关数据如图 6.6 所示。

a)前向碰撞预警开始

b)设备制动

c)风险解除,设备退出

图 6.5 AEBS 碰撞避免现场

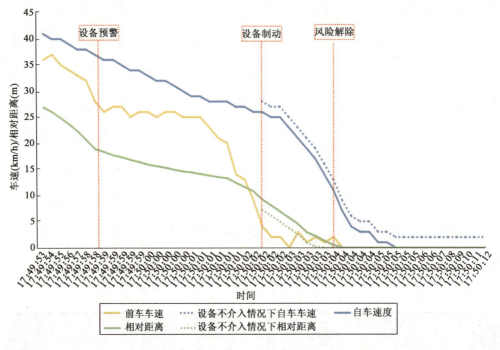

图6.6 AEBS作用相关数据情况

若系统未介入,即使驾驶员及时制动,自车与前车速度相同的时间点会延迟300ms,且两车最小车距仅为0.5m,碰撞风险较大。

6.1.2 车对非机动车工况

本次AEBS作用发生时间是2022年11月5日11:28,位于江苏省苏州市常熟市碧溪街道X301(梅横线)。11:28:28,自车与前车距离18.2m,车距保持TTC为1.56s,前向碰撞预警启动。11:28:29,驾驶员未采取任何措施规避风险,此时车距保持TTC仅为1.19s,设备启动一级制动,情况紧急随即升级到三级制动,自车车速从42km/h迅速下降到20km/h,下降约52%。11:28:33,设备三级制动后,风险解除,退出制动。AEBS作用现场如图6.7所示,本次作用的相关数据如图6.8所示。

第6章 营运车辆AEBS应用案例

a)前向碰撞预警开始

b)设备制动

c)风险解除，设备退出

图6.7 车对非机动车 AEBS 作用现场

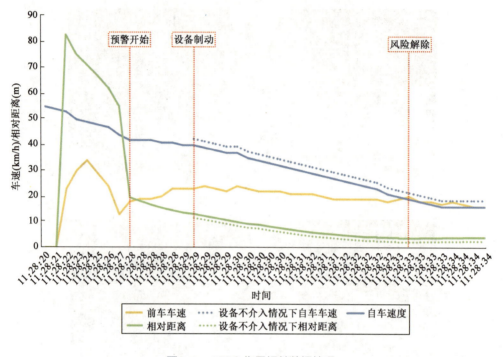

图6.8 AEBS作用相关数据情况

若系统未介入,即使驾驶员及时制动,自车与前车速度相同的时间点会延迟300ms,且两车最小车距仅为3.8m,碰撞风险较大。

6.1.3 车对人工况

本次AEBS作用发生时间是2022年10月5日17:34,位于湖北省黄冈市红安县G220国道。17:34:25,驾驶员未采取任何措施规避风险,此时车距保持TTC仅为2.2s,设备启动一级制动,自车车速从42km/h迅速下降到20km/h,下降约14%。17:34:26,设备一级制动后,风险解除,退出制动。AEBS作用现场如图6.9所示,本次作用的相关数据如图6.10所示。

第6章 营运车辆AEBS应用案例

a)设备制动

b)风险解除,设备退出

图6.9 车对人 AEBS 作用现场

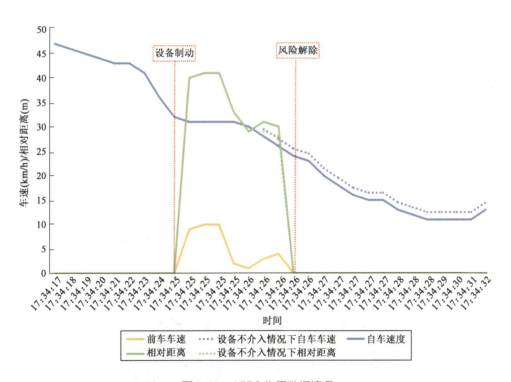

图6.10 AEBS 作用数据情况

若系统未介入,即使驾驶员及时制动,自车与前车速度相同的时间点会延迟 300ms,且两车最小车距仅为 15.4m,碰撞风险较大。

6.2 清智科技 AEBS 应用案例

清智科技从车对车、车对非机动车、车对人三种工况,提供了白天场景下 7 个 AEBS 应用案例。

6.2.1 车对车工况

(1) 自车制动预警退出

本次 AEBS 作用发生时间是 2021 年 4 月 16 日 17:35:56,在白天逆光情况下,自车以 28.1km/h 行驶时,对前方 8.4m 处时速 20.2km/h 的运动目标产生一级预警,预警时 TTC 为 3.1s,预警正常开启,随后驾驶员主动介入,制动致使预警正常退出。AEBS 作用现场如图 6.11 所示,本次作用的相关数据如图 6.12 所示。

图 6.11 直道跟车预警现场

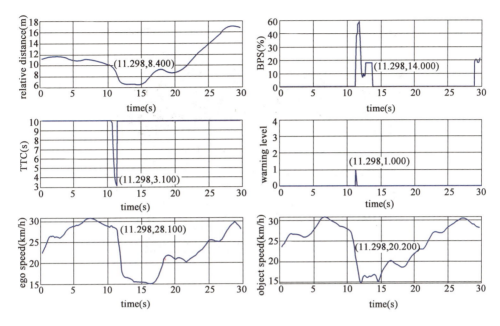

图6.12 直道跟车触发预警,自车制动预警退出

relative distance(m)-相对距离(此处指纵向)(m);BPS(%)-制动踏板开度(%);TTC(s)-距离碰撞时间(s); warning level-报警等级;ego speed(km/h)-自车车速(km/h);object speed(km/h)-目标车速(km/h); time(s)-时间(s)

(2)目标车切出预警退出

本次AEBS作用发生时间是2021年5月9日11:22:51,自车以56.9km/h行驶时,对前方60.3m处横穿车辆目标产生一级预警,预警时TTC为3.2s,预警正常开启,随后目标车辆切出,使预警正常退出。AEBS作用现场如图6.13所示,本次作用的相关数据如图6.14所示。

(3)自车转向预警退出

本次AEBS作用发生时间是2021年5月19日13:38:25,自车以45.8km/h行驶时,对前方39.3m处车辆目标产生一级预警,预警时TTC为3.2s,预警正常开启,随后驾驶员进行转向操作,使预警正常退出。AEBS作用现场如图6.15所示,本次作用的相关数据如图6.16所示。

中国营运车辆自动紧急制动系统应用

图6.13　目标切出后预警退出现场

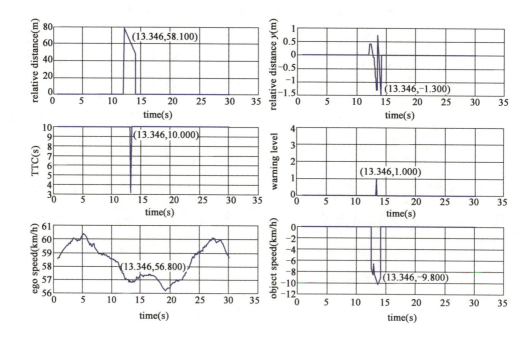

图6.14　直道跟车触发预警，目标切出预警退出

relative distance（m）-相对距离（此处指纵向）（m）；relative distance y（m）-相对距离（此处指横向）（m）；TTC（s）-距离碰撞时间（s）；warning level-报警等级；ego speed（km/h）-自车车速（km/h）；object speed（km/h）-目标车速（km/h）；time（s）-时间（s）

第6章 营运车辆AEBS应用案例

图6.15 自车转向后预警退出现场

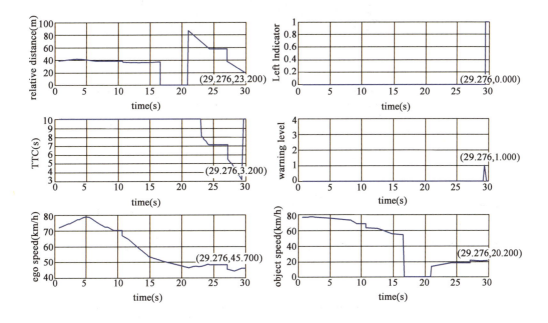

图6.16 直道跟车触发预警,自车打转向预警退出

relative distance (m)-相对距离(此处纵向)(m);Left Indicator-左转向灯信号;TTC(s)-距离碰撞时间(s);warning level-报警等级;ego speed (km/h)-自车车速(km/h);object speed (km/h)-目标车速(km/h);time(s)-时间(s)

(4)自车切出预警退出

本次 AEBS 作用发生时间是 2021 年 5 月 15 日 15:55:02,自车以 41.7km/h 行驶时,对前方 39.3m 处车辆目标产生一级预警,预警时 TTC

061

为3.4s,预警正常开启,随后自车切出,使预警正常退出。AEBS作用现场如图6.17所示,本次作用的相关数据如图6.18所示。

图6.17　自车切出预警退出现场

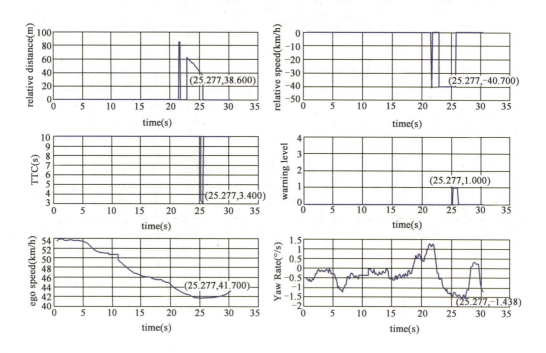

图6.18　直道跟车触发预警,自车切出预警退出

relative distance（m）-相对距离(此处指纵向)（m）；relative speed（km/h）-相对速度(此处指纵向)；TTC（s）-距离碰撞时间（s）；warning level-报警等级；ego speed（km/h）-自车车速；Yaw Rate（°/s）-横摆角速率（°/s）；time（s）-时间（s）

(5)AEBS 制动碰撞避免

本次 AEBS 作用发生时间是 2022 年 11 月 4 日 8:11,位于山东省莱阳市山汽大道十字路口的直道,气象条件为阴天。自车前方有一面包车停于前方十字路口处等待红绿灯,自车以 15km/h 的速度接近前车,制动触发前驾驶员未打转向盘、未进行制动操作。TTC 约为 2.7s,AEBS 开始采用声光报警的方式提醒驾驶员;TTC 约为 1.2s,AEBS 介入并以 6.5m/s^2 的减速度进行制动,其间,声光报警方式持续提醒驾驶员,驾驶员此时采取制动操作,最终自车与前方目标的最终相对距离为 2.6m。本次 AEBS 作用现场如图 6.19、图 6.20 所示。

图 6.19　AEBS 触发前现场

图 6.20　AEBS 触发后现场

6.2.2 车对非机动车工况

本次 AEBS 作用发生时间是 2021 年 5 月 15 日 17：34：13，自车以 28.8km/h 行驶时，对前方 15.5m 处骑电动车的行人目标产生一级预警，预警时 TTC 为 1.8s，预警正常开启，随后目标切出，使预警正常退出。AEBS 作用现场如图 6.21 所示，本次作用的相关数据如图 6.22 所示。

图 6.21 前方存在非机动车 AEBS 作用现场

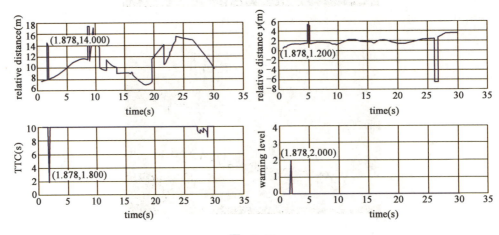

图 6.22

第6章 营运车辆AEBS应用案例

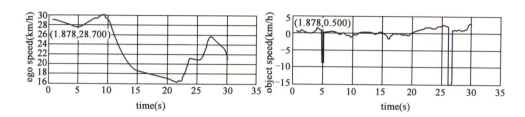

图 6.22 前方非机动车触发预警，目标非机动车切出预警退出

relative distance（m）-相对距离（此处指纵向）（m）;relative distance y（m）-相对距离（此处指行人/骑行者目标横向相对距离）（m）;TTC（s）-距离碰撞时间（s）;warning level-报警等级;ego speed（km/h）-自车车速（km/h）;object speed（km/h）-行人/骑行者目标速度（km/h）;time（s）-时间（s）

6.2.3 车对人工况

本次 AEBS 作用发生时间是 2021 年 5 月 15 日 15：40：05，自车以 51.1km/h 行驶时，对前方 51.6m 处行人目标产生一级预警，预警时 TTC 为 3.6s，预警正常开启，随后自车变道切出，使预警正常退出。AEBS 作用现场如图 6.23 所示，本次作用的相关数据如图 6.24 所示。

图 6.23 前方存在行人 AEBS 作用现场

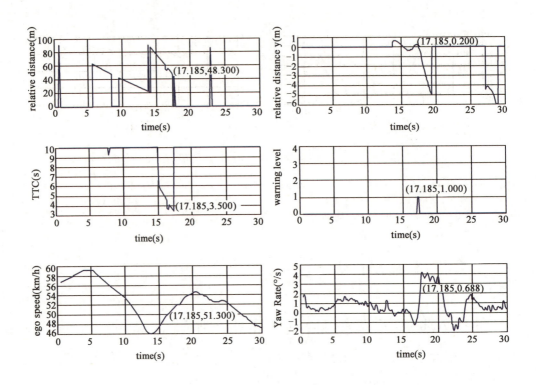

图 6.24　前方行人触发预警，自车切出预警退出

relative distance（m）-相对距离（此处指纵向）（m）；relative distance y（m）-相对距离（此处指行人/骑行者目标横向相对距离）（m）；TTC（s）-距离碰撞时间（s）；warning level-报警等级；ego speed（km/h）-自车车速（km/h）；Yaw Rate（°/s）-横摆角速率（°/s）；time（s）-时间（s）

6.3　苏州金龙 AEBS 应用案例

苏州金龙从车对车、误报警工况，提供了 3 个白天场景下的 AEBS 应用案例。

6.3.1 车对车工况

(1)前车切入报警

本次 AEBS 作用发生时间是 2020 年 3 月 31 日 15:16:13,位于苏州市区道路,由前车切入引起的报警。自车以 21.96km/h 的车速行驶时,左侧有白色轿车突然切入,相对距离 4.8m,相对车速 5.7km/h,AEBS 检测到目标,并且满足声音报警条件,触发声音报警。随后驾驶员也意识到危险,踩制动踏板减速行驶,系统退出,报警解除。可见 AEBS 对行驶状况的判断与驾驶员相符,是一次合理的报警,由于驾驶员的介入,系统没有进行后续的制动。AEBS 作用现场如图 6.25 所示,本次报警的相关数据如图 6.26 所示。

a)AEBS触发报警

b)驾驶员控制

图 6.25　AEBS 作用现场

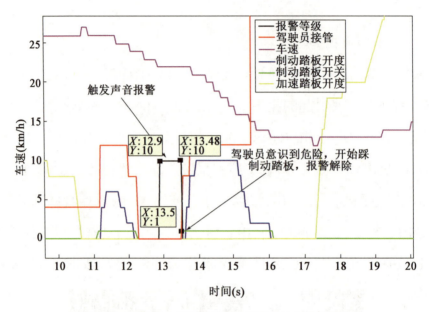

图6.26 前车切入引起的报警，驾驶员控制解除报警

（2）前车减速点制动

本次 AEBS 作用发生时间是 2020 年 4 月 10 日 15:03，位于苏州市区道路。通过红绿灯路口时，驾驶员以 20.59km/h 的车速跟车，前方橙色客车突然减速触发了 ABES 点制动。此刻驾驶员暂时未作处理，保持自车以 20.05km/h 匀速行驶，随后前车加速驶离，两车相对距离拉开，并且相对速度为 -4.32km/h，成负值，危险解除，点制动取消。可见 AEBS 对行驶状况的判断是正确的，是一次正确的制动。AEBS 作用现场如图 6.27 所示，本次点制动过程中自车车速、相对距离和相对车速的变化情况如图 6.28、图 6.29 所示。

第6章 营运车辆AEBS应用案例

a) AEBS点制动

b) AEBS解除

图 6.27　AEBS 作用现场

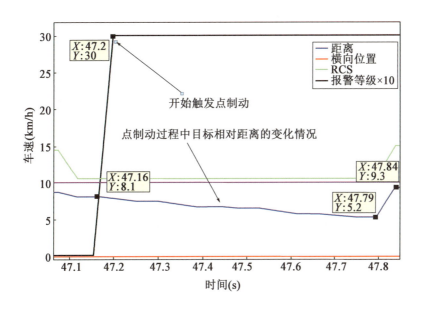

图 6.28　相对距离的变化情况

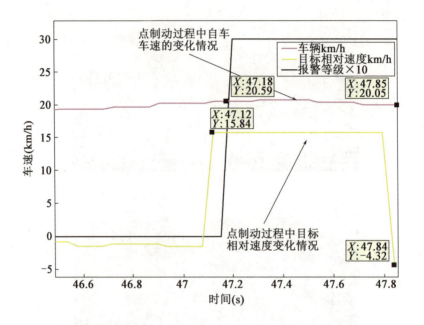

图 6.29　相对车速的变化情况

6.3.2　误报警案例

本次误报警发生时间是 2018 年 5 月 26 日 9:27:43,是位于湖北省襄阳市郊道路的试验样车,由金属护栏倾下到前方路面引起,每次经过此处都会产生报警,实验员和跟车员进行了多次验证,并实地考察了情况,确认是由护栏下倾引起的报警。AEBS 检测到突出的金属护栏并报警,金属护栏没有阻碍车辆正常行驶,给驾驶员造成了错觉,报警后驾驶员接收报警并回正方向,目标消失,报警取消。城市道路中存在中间护栏的场景较多,无法避免,可以通过优化 AEBS 的程序,将雷达探测的宽度进行修正,避免后续类似问题发生。AEBS 误报警现场如图 6.30 所示,图 6.31 可以反映出本次报警的过程中驾驶员对转向盘的操作。

第6章 营运车辆AEBS应用案例

a)AEBS检测到目标，并开始跟踪

b)AEBS检测到危险，并开始报警

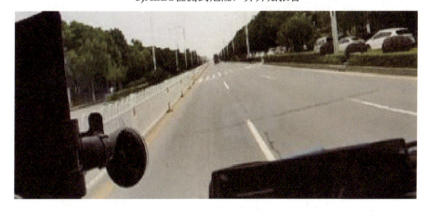

c)驾驶员接收报警并回正方向盘，目标消失

图6.30 AEBS误报警现场

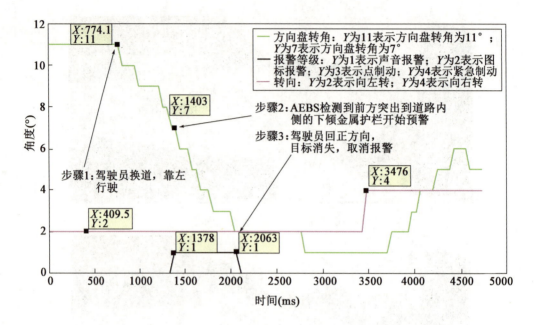

图6.31 护栏触发报警

第 7 章　营运车辆 AEBS 发展建议

AEBS 技术应用对提升营运车辆安全性能、防止碰撞事故发生起到重要作用,《"十四五"全国道路交通安全规划》明确提出了 AEBS 装配率及辅助安全技术标准升级的相关要求,需要进一步加强推动 AEBS 技术发展及推广应用。

7.1　《"十四五"全国道路交通安全规划》相关要求

进一步提升重点车辆安全性能。强化标准引领,修订机动车运行安全国家标准,研究制定经营性机动车运营安全国家标准,推进客货运车辆辅助安全、主被动安全标准升级。

客货运车辆安全性提升工程。提高客货运车辆自动紧急制动、车道保持、轮胎爆胎应急防护等主被动安全装置的装备率,全面普及重型货车缓速器等安全装置。到 2023 年,新出厂的大型客车自动紧急制动系统、轮胎爆胎应急防护装置装备率达到100%,新出厂的重型货车自动紧急制动系统装备率达到50%;到2025年,大型客车自动紧急制动系统装备率、轮胎爆胎应急防护装置装备率分别达到40%、60%,重型货车自动紧急制动系统装备率达到20%。

7.2 我国碰撞事故防控存在的问题

《2022年道路运输安全生产分析报告》显示,碰撞事故依然是道路运输安全事故的主要形态,暴露出道路运输车辆碰撞事故防控存在不足。

(1)低速工况下碰撞事故防控能力存在短板

受车辆盲区等因素影响,车辆起步或右转等低速工况下的碰撞事故时有发生。例如,2022年5月1日,一辆货车在婺城区八达路始丰路路口起步时,碰撞并拖动车头前行人前行数百米;2022年7月2日,一辆水泥罐车在婺城区宾虹西路华龙南街路口右转时碰撞并碾压同向直行通过路口的电动自行车,造成电动车驾驶员当场死亡。目前,AEBS多在15km/h以上启动,亟须将AEBS的启动速度扩展为全车速启动,提升低速工况下碰撞事故的防控能力。

(2)车辆与二轮车、三轮车等碰撞事故频发

据统计,货车与摩托车、三轮车、两轮电动车碰撞事故相较于2021年有所增加,车辆与道路设施的碰撞也时有发生。例如,2023年3月1

日,G312 线新疆吐鲁番市高昌区境内 4020km 处,一辆半挂牵引车与道路施工隔离墩碰撞后,与一辆道路专项作业车发生碰撞,造成 7 人死亡,7 人受伤。目前,AEBS 已经能够有效防止车辆与机动车和行人的碰撞事故,需要扩展至非机动车、固定障碍物等,逐步实现全交通要素的碰撞避免。

(3) 不良天气和重点路段碰撞防控能力不足

结冰、团雾等不良天气严重影响行车安全,桥梁隧道、长大下坡、急弯陡坡等重点路段防控能力需要进一步加强。例如,2022 年陕西"10.1"事故中,载有 32 人的肇事客车因雨天路滑碰撞护栏致使车辆发生侧翻;河南"12.28"事故中,郑州郑新黄河大桥突发团雾,导致发生 200 多辆车相撞。随着车路协同等技术发展应用,将 AEBS 应用于不良天气和重点路段碰撞防控,逐步构建全时空的碰撞防控能力。

(4) 12t 以下货车等车型碰撞防控能力需要加强

目前《营运客车安全技术条件》(JT/T 1094—2016)、《营运货车安全技术条件 第 1 部分:载货汽车》(JT/T 1178.1—2018)、《营运货车安全技术条件 第 2 部分:牵引车辆与挂车》(JT/T 1178.2—2018)已要求车长 >9m 的营运客车、总质量 ≥12000kg 且最高车速 >90km/h 的载货汽车等车型应用 AEBS。一方面,营运客车中 9m 以下的客车占比超过 50%,营运货车中总质量 12000kg 以下的占比约 70%;另一方面,存在通过限制最高车速(如 89km/h)规避安装的问题,AEBS 车型覆盖率仍有很大提升空间。

7.3 进一步推动 AEBS 应用的建议

(1) 引导 AEBS "三融合"技术发展应用

一是车外感知信息融合,由后端决策融合转变为前端原始数据融合,避免和减少感知信息丢失;二是车内信息融合,充分利用自车轮速、横摆角、雨刷、导航等信息,综合判定车辆运行场景,动态调整车辆制动控制策略,实现碰撞防控速度全覆盖;三是车路信息融合,通过对弯、坡、桥、隧等重点风险路段的信息协同,实现全时空条件下碰撞防控能力。通过 AEBS "三融合"技术应用,有效解决道路运输车辆碰撞防控存在的速度覆盖不全、交通要素覆盖不全、时空覆盖不全等问题。

(2) 修订 AEBS 及相关车辆标准

一是修订《营运车辆自动紧急制动系统性能要求和测试规程》(JT/T 1242—2019)标准,对感知性能、启动车速、预警与制动性能、车路协同、测试功能等提出新的要求,引导 AEBS 向全速度工况启动、全交通要素识别、全时空适用的方向发展。

二是修订《营运货车安全技术条件 第 1 部分:载货汽车》(JT/T 1178.1—2018)、《营运货车安全技术条件 第 2 部分:牵引车辆与挂车》(JT/T 1178.2—2018)、《营运客车安全技术条件》(JT/T 1094—2016)标准,逐步去除"12t""90km/h"等限制条件,分阶段推动 AEBS 全车型应用。

(3)加强 AEBS 宣传教育与使用管理

一是结合实际案例加强 AEBS 对碰撞事故防控重要性的宣传,提高社会对 AEBS 技术的认可度;二是注重 AEBS 功能的教育培训,提升驾驶员对 AEBS 功能认知和适应性;三是加强 AEBS 使用管理,规范驾驶员对 AEBS 进行日常与定期检查与维护,保障 AEBS 正常使用。